Début d'une série de documents
en couleur

LE CONGO

DEVANT L'EUROPE

LE TRAITÉ ANGLO-PORTUGAIS

LA MISSION DE BRAZZA

L'ASSOCIATION INTERNATIONALE DU CONGO

Par E. WEYL

OFFICIER DE MARINE EN RETRAITE

PRIX : UN FRANC

PARIS

MAURICE DREYFOUS, ÉDITEUR

13, RUE DU FAUBOURG-MONTMARTRE, 13

1884

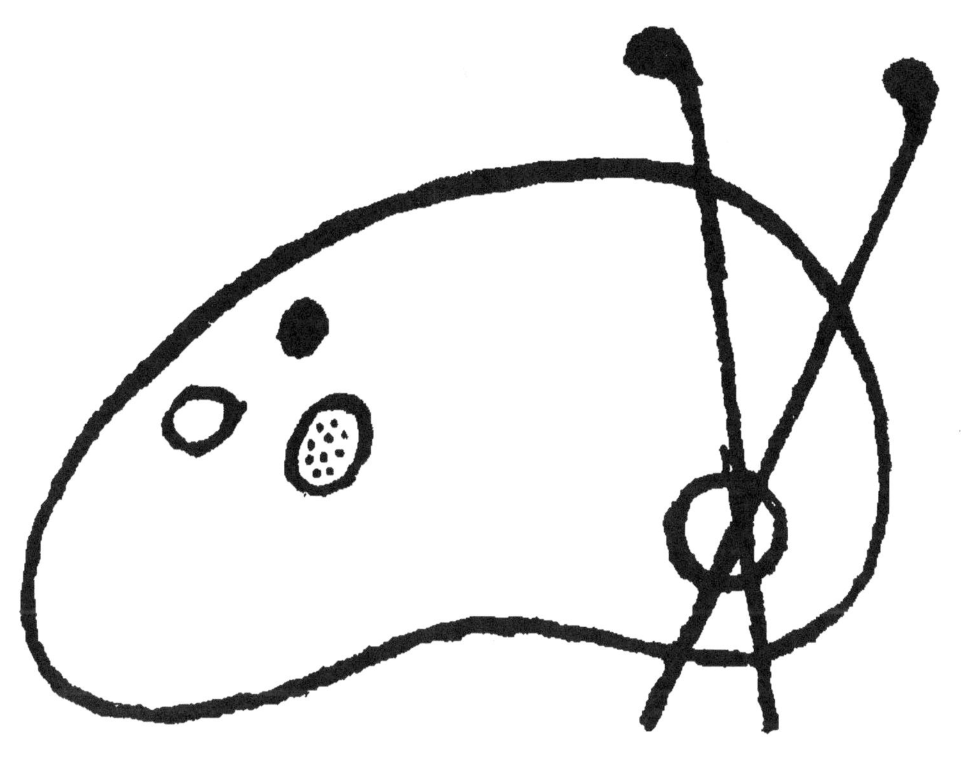

Fin d'une série de documents
en couleur

LE CONGO

DEVANT L'EUROPE

LE TRAITÉ ANGLO-PORTUGAIS

LA MISSION DE BRAZZA

L'ASSOCIATION INTERNATIONALE DU CONGO

Par E. WEYL

OFFICIER DE MARINE EN RETRAITE

PARIS

MAURICE DREYFOUS, ÉDITEUR

13, RUE DU FAUBOURG-MONTMARTRE, 13

—

1884

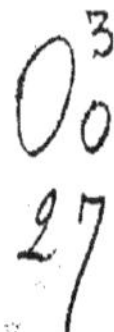

LE CONGO DEVANT L'EUROPE

Toutes les puissances civilisées se préoccupent de ce que l'on appelle la question du Congo — c'est en réalité la question de l'Afrique équatoriale — et l'on peut se demander si de l'imbroglio que cherchent à dénouer les chancelleries de l'Europe, il sortira une solution juste, satisfaisante pour la cause de la civilisation, ou bien si la vallée du Congo et les régions mal explorées de l'Afrique centrale seront le théâtre de ces compétitions de pouvoir qui retardent la marche du progrès en tant de points du monde.

L'Europe a besoin de débouchés commerciaux et il n'est pas champ plus vaste à exploiter que le continent africain, à peine ouvert à son activité ; il n'est certainement pas de terrain où la civilisation puisse faire sentir son influence bienfaisante plus utilement que dans ces régions dévastées par l'esclavage. Mettre un terme à des rivalités malsaines en s'élevant au-dessus des passions égoïstes, pour n'avoir en vue que la régénération d'une race malheureuse, tel devrait être le rôle de l'Europe ; et pour mener à bien cette noble tâche, il faut qu'elle s'imprègne d'un esprit de concorde auquel nous ne sommes pas habitués.

Quelle est donc la situation actuelle au Congo ?

I

En jetant un regard sur la carte de l'Afrique, on trouve
vers l'Equateur une des belles artères fluviales du
monde, aussi imposante que l'Amazone et le Mississipi,
route naturelle des rives de l'océan Atlantique au cœur
même de l'Afrique centrale : c'est le Congo. Aucune
puissance européenne n'y a constitué un état régulier,
et, encore aujourd'hui, la partie du cours du fleuve accessible à la grande navigation n'est soumise à aucune loi.

Cependant le Portugal, en vertu du principe de droit
international qui admet la légitimité de la possession de
la première puissance qui a planté son pavillon sur une
terre inoccupée, n'a cessé depuis 1484 de prétendre à la
souveraineté d'une partie de cette région. Où s'arrêtent
ses prétentions ? C'est ce qu'il eût été difficile de dire il y
a quelques mois ; c'est ce que l'on sait aujourd'hui.

Le traité du 26 février 1884, intervenu entre le Foreign-
Office et le cabinet de Lisbonne, reconnaît au Portugal
toute la bande du littoral qui s'étend du 5° 12' de lati-
tude Sud, au 8° Sud, limite actuelle de la colonie portugaise d'Angola. Sur le fleuve, dont l'embouchure se
trouve entre ces deux latitudes, le traité reconnaît, et
cela en échange d'avantages particuliers concédés à
l'Angleterre, la souveraineté du Portugal jusqu'à Nokki,
le terminus de la navigation.

Sur cette même cote, la France possède un peu au
nord de l'Equateur son établissement du Gabon, plus au

sud le poste du cap Lopez à l'embouchure de l'Ogooué, et près du 5° 12' sud, la baie de Loango et Punta Negra. Mais son action à l'intérieur s'est étendue à la suite des découvertes de M. de Brazza qui, par l'Ogooué et l'Alima, a atteint le Congo au delà des Grandes Cataractes.

D'autre part, une association privée, mue par les sentiments les plus élevés, pénétrait sous la direction de Stanley aux limites extrêmes de la navigation sur le Congo supérieur ; établissant d'abord des stations sur le cours inférieur du fleuve, elle franchissait les chutes Livingston et échelonnait ses postes hospitaliers jusqu'aux chutes de Stanley, au cœur même du continent africain. Dans la région maritime, elle cherchait au prix des plus grands efforts une route vers la mer et couvrait un vaste territoire d'une seconde chaîne de stations s'étendant du cours inférieur du Congo jusqu'à l'embouchure du Quillou.

Du Gabon à la province portugaise d'Angola, il n'existe donc de pouvoir régulier qu'aux rares points occupés en ces derniers temps par la France et le Portugal : néanmoins, le commerce s'est développé librement au milieu des populations indigènes du littoral et de l'embouchure du Congo, et de nombreuses factoreries ont créé des courants commerciaux qui interviennent légitimement dans le débat. En tête des puissances qui ont dans ces parages des établissements importants, est la Hollande, puis la France ; l'Angleterre ne vient qu'en troisième ligne, le Portugal ensuite. Mais, avec raison, d'autres puissances jugent qu'elles ne doivent pas laisser s'établir dans cette région un ordre de choses nouveau sans être appelées à en délibérer, et parmi elles l'Allemagne et les Etats-Unis qui n'admettent pas que sans leur participation un contrat intervienne qui puisse gêner l'expansion probable de leur commerce.

C'est cette situation que l'Angleterre eût voulu régler

d'un trait de plume par la reconnaissance, au profit de son commerce, des prétentions portugaises, par une immixtion particulière de ses agents dans l'organisation administrative et politique du littoral ouest africain et de la partie navigable du Bas-Congo.

Et cette situation paraît encore obscurcie aujourd'hui par l'arrangement qui vient d'être conclu entre la France et la Société dont nous avons parlé, l'Association internationale du Congo.

Il est inutile de rechercher dans les vieilles bulles pontificales, pas plus que dans les archives diplomatiques, si le Portugal est plus ou moins bien fondé dans ses prétentions. Nous devons d'autant plus les admettre que la France est, en quelque sorte, engagée par sa diplomatie, et cela de longue date, à ne pas trop discuter la question de principe. Au mois de décembre 1882, M. Duclerc (1), président du conseil et ministre des affaires étrangères, disait au chargé d'affaires du Portugal, à propos du territoire acquis par M. de Brazza : « que le territoire cédé à la France était situé sur la rive droite du Zaïre, et en dehors des prétentions portugaises, dont le Gouvernement français reconnaît la légitimité » (2).

Mais tandis que la France manifestait une bonne volonté évidente envers une petite puissance amie, l'Angleterre, au contraire, opposait un véto énergique à toutes ses revendications. Jusqu'en ces derniers temps,

---

(1) Dépêche du 11 décembre 1882 de M. d'Azevedo, chargé d'affaires du Portugal à Paris, au ministre des affaires étrangères à Lisbonne.

(2) Dans les *Negociations with Portugal* (n° 2 et 5) que le gouvernement anglais vient de publier, on trouve une dépêche de lord Granville à M. d'Antas qui affirme cependant que la doctrine adoptée par M. Duclerc n'a pas été acceptée par son successeur au quai d'Orsay. Lord Granville s'exprime ainsi : M. Challemel-Lacour, dans une récente conversation avec l'ambassadeur de Sa Majesté à Paris, a dénié catégoriquement que les prétentions du Portugal sont admises par la France (1er juin 1883).

tous ses hommes d'Etat avaient refusé d'admettre la légitimité des prétentions du Portugal et déclaraient caduc un droit de possession qui n'avait pas été exercé depuis quatre siècles. A cela, il était une raison sérieuse : il n'est pas de pays au monde où les sociétés anti-esclavagistes aient agi avec plus d'ardeur qu'en Angleterre ; il n'est pas de pays qui, plus que le Portugal, ait été suspect de complicité dans la traite des noirs. L'Angleterre a dépensé des centaines de millions pour extirper ce honteux commerce, et quelques changements que la force des choses aient amenés dans les pratiques des colons portugais, le souvenir du passé est toujours vivant dans le Royaume-Uni. Aussi, malgré tous ses avantages, ce traité, que nous avons considéré en France comme une manœuvre de la diplomatie anglaise, a soulevé de toutes parts, de l'autre côté du détroit, une opposition systématique. L'école de Manchester le repousse parce qu'elle est opposée en principe à toute législation qui peut entraver la liberté illimitée du commerce ; l'opinion publique ne croit pas à la conversion sincère du Portugal : elle juge que ces vastes territoires de l'Afrique centrale, où l'esclavage se pratique sur une grande échelle, sont tellement éloignés des foyers de la civilisation, qu'ils ne peuvent être placés sous le contrôle d'une puissance qui a si longtemps pratiqué et plus longtemps encore toléré le commerce des esclaves. Il y a moins de vingt ans, avant que la guerre de la sécession ait donné la liberté à tous les noirs des Etats-Unis, lorsque dans certaines des Antilles et au Brésil, le commerce du bois d'ébène n'était pas prohibé, les croisières anglaises donnaient fréquemment la chasse aux navires de toutes nationalités qui venaient charger, dans les provinces portugaises, les malheureux achetés à vil prix, ou les captifs arrachés à leurs foyers par la rapacité des négriers. Je me souviens avoir trouvé, à Saint-Paul de Loanda, à une époque qui n'est pas bien éloignée, toute la station anglaise en éveil. échelonnant ses croiseurs sur la côte pour surveiller un navire que l'on attendait : un convoi de noirs était prêt, le point d'embarquement restait mystérieux. En vertu des ordres qu'ils avaient et alléchés par les primes qu'on leur donnait libéralement, les bâtiments anglais fouillaient tous les points de la côte, tout l'horizon, pour s'emparer du bâtiment suspect. J'ignore ce qu'il en est advenu, la destinée du marin m'a porté loin de cette région où de telles horreurs se pratiquaient ouvertement sous l'œil indifférent — je ne crois pas à leur complicité — des autorités portugaises.

Mais, chose étrange, tandis que la France qui se montrait bien disposée envers le Portugal, et qui certes a des intérêts dans l'ouest africain, était mise à l'écart de la négociation du Portugal avec la toute-puissante Angleterre, les deux contractants s'arrogeaient des privilèges particuliers, des avantages commerciaux auxquels ne participaient pas les autres puissances, de telle sorte que l'on peut dire que le Portugal s'est tout simplement arrangé sur le dos de ses amis pour vaincre les résistances de ses adversaires. — Et l'on peut se demander en vertu de quel droit supérieur l'Angleterre a apposé sa signature en bas de ce traité, en quoi, plus que les autres nations, elle a droit à la prépondérance sur l'Afrique occidentale. Ce n'est pas dans ces parages qu'elle a une haute situation commerciale, elle vient en troisième rang, bien après la Hollande et la France. — A quel sentiment ont obéi ses hommes d'Etat ?

L'Angleterre ne veut plus de colonies, elle juge que la couronne impériale est assez lourde à porter, mais il ne lui déplaît pas de couvrir de sa protection, au prix de certains avantages, le pavillon des petites puissances, protection platonique, qui ne lui coûte ni un shelling ni un homme, mais qui augmente sa clientèle dans le monde.

L'Angleterre sait fort bien quels embarras peut lui créer la garde de son empire colonial, la défense de ses intérêts maritimes ; elle sait que son immense flotte de commerce est pour elle une cause de faiblesse, que sa flotte de guerre serait impuissante à la protéger contre une ligue des neutres, et que la science a mis aujourd'hui aux mains des puissances secondaires des armes avec lesquelles elle doit compter. Et cela se dit tous les jours et hautement dans de nombreux organes de la presse anglaise qui ne ménagent cependant ni leurs sarcasmes ni leurs aménités à ceux qui croient que le monde est assez grand pour qu'il y ait place hors d'Europe pour d'autres que les Anglo-Saxons. L'Angleterre ne veut donc plus de colonies nouvelles, mais elle voudrait faire en sorte que les nouvelles situations lui soient acquises par voie indirecte. Un diplomate qui vient de prendre la défense du traité portugais, dans une brochure qui porte le titre « Le Portugal et la France au Congo », s'exprime ainsi : « La France, plus facilement que d'autres, peut profiter des bénéfices commerciaux qui y sont stipulés. Elle pourrait même, par des négociations opportunes et bien menées, s'assurer une *position à peu près égale* à celle des parties contractantes. »

La réponse est aisée : La France n'a pas à accepter une situation « à peu près égale » à celle des contractants, elle a droit à la même situation, et avec elle toutes les puissances civilisées, parce que toutes ont les mêmes intérêts; parce qu'une situation privilégiée ne peut être que la consécration de sacrifices faits, et tel n'est pas le cas au Congo; parce que ce serait admettre un principe dangereux que de se contenter de concessions gracieuses quand on a droit à l'égalité absolue. La question ainsi posée nous délie du reste d'engagements dont nous serions les dupes, et rien ne nous oblige à nous soumettre au nouvel état fiscal qui découlerait nécessairement de l'entente anglo-portugaise.

Que l'Angleterre arrange à sa guise ses affaires avec le Portugal, rien de mieux, mais libre aussi aux autres nations de chercher à sauvegarder leurs intérêts comme elles l'entendent, et, en l'espèce, en mettant un véto conditionnel à des arrangements conclus sous le manteau de la cheminée.

Et qu'on ne se méprenne pas sur les ambitions de la France ! Elle ne veut rien des territoires convoités par le Portugal, mais elle a en ces parages une situation commerciale qui peut être menacée par les clauses économiques du traité lui-même, et qui, on ne peut le nier, serait affectée par les impôts que les Portugais établiraient sous toutes les formes comme prix d'une protection qui serait peut-être des plus précaires.

Si, d'un côté, on ne peut nier que d'autres puissances que la Grande-Bretagne et le Portugal aient de grands intérêts dans le Bas-Congo, et que la situation commerciale des deux parties contractantes soit notablement inférieure à celle de la France et de la Hollande, il n'est pas téméraire d'affirmer, d'autre part, que les succès des factoreries hollandaises et françaises ont attiré l'attention de l'Angleterre, et qu'elle, l'apôtre du libre-échange, n'a pas dédaigné en l'espèce les petites combinaisons pour faire à ses nationaux une situation privilégiée.

III

Les intérêts de la France au Congo ne sont pas seulement représentés par des factoreries puissantes établies sur le cours inférieur du fleuve et sur le littoral océanique, leur importance découle encore des sacrifices qu'elle a faits pour ouvrir à la civilisation la vallée de l'Ogooué et de l'Alima, par ceux qu'elle fera encore pour continuer l'œuvre pacifique et humanitaire de M. de Brazza.

De l'embouchure de l'Ogooué au confluent de l'Alima, c'est-à-dire de l'océan Atlantique à Stanley-Pool, la mission de Brazza a créé neuf stations sur un parcours de plus de 2,000 kilomètres. En même temps elle en établissait sur le littoral, au cap Lopez et à la baie de Loango. S'il reste beaucoup à faire pour l'organisation de cette ligne de postes civilisateurs, les travaux accomplis depuis plus d'un an sont dignes des plus grands éloges.

Parti de France le 21 mars 1883, arrivé au Gabon le 21 avril, M. de Brazza procédait immédiatement à la distribution de son personnel et à l'envoi d'un matériel considérable par la route de l'Ogooué. Retardé par les travaux multiples qu'il avait à diriger, par des négociations souvent difficiles et toujours longues avec les noirs, il atteignait dans les premiers jours de l'année présente les rives du Grand Fleuve, mais tellement devancé par Stanley, qu'à l'heure où le chef de la mission française arrivait à Brazzaville, l'agent supérieur de l'Association internationale était de retour d'un grand voyage qui l'avait conduit avec sa flottille à vapeur jusqu'à Stanley-Falls. Stanley avait échelonné ses stations sur le fleuve jusqu'au point où cesse toute navigation. Entre les deux grands obstacles qui barrent le Congo — les chutes Livingston en aval et les chutes de Stanley en amont — l'Association internationale avait planté le pavillon bleu à étoiles d'or en plusieurs points importants, passant des traités avec les nègres et s'assurant une excellente base d'opérations pour l'avenir. Cependant, il reste à de Brazza une bonne fortune dans ce jeu de la destinée, c'est que jusqu'à présent la route qu'il a découverte passe pour la meilleure de celles qui mettent le Pool en communication avec l'océan Atlantique. En effet, de l'Alima on passe sur l'Ogooué en traversant un plateau uni, où la nature n'a pas accumulé les obstacles que l'on rencontre quand on suit le cours inférieur du Congo. Il peut donc advenir que la route jalonnée par les stations françaises devienne dans l'avenir une des grandes voies de communications entre les peuples. Quoi qu'il arrive, il restera toujours à de Brazza la gloire de l'avoir découverte, et à la France celle de l'avoir puissamment aidé dans l'accomplissement de son œuvre.

La mission dirigée par le marin français diffère totalement des entreprises ordinaires; dans l'esprit de ceux qui l'ont le plus soutenue, elle ne doit pas tendre à nous doter d'une nouvelle colonie. Nous avons sur le continent africain les intérêts les plus sérieux : l'Algérie et la Tunisie qui suffiraient à elles seules à notre besoin d'expansion, le Sénégal où nous sommes établis jusqu'au Niger, nos petits comptoirs des côtes de Guinée et le Gabon lui-même, dont jusqu'à ce jour nous n'avons guère su tirer parti. Qu'il y ait dans l'ouest africain les éléments d'une colonie, c'est ce que nous apprendra l'avenir. Pour le moment, les promoteurs de la mission de M. de Brazza n'ont eu d'autre but que de patronner une œuvre d'un caractère spécial, chargée d'étudier le Congo, et d'éclairer le commerce français sur ses ressources.

En tenant les routes les meilleures, en établissant un protectorat sur les indigènes, on doit réussir aussi sûrement et plus économiquement que par des annexions de terres inconnues, où tout serait à créer, et où, disons-le, l'Européen ne peut s'acclimater. Que le traitant suive maintenant l'explorateur, le missionnaire de la science, qui, au prix des plus admirables sacrifices, a montré le chemin ! Le noir échange volontiers les produits du sol qu'il cultive et de la chasse contre certaines marchandises européennes. C'est donc à l'initiative du commerce français à savoir faire profit de la situation que la France a dans ces parages. Il est évident que nous n'entretiendrons pas indéfiniment des postes dans un tel pays si notre commerce et notre industrie n'en doivent rien retirer. Le crédit de 750,000 fr. que l'on demande actuellement portera à plus de 2 millions les dépenses faites pour la mission de l'Ouest africain. C'est une semence, mais qu'elle nous donne au moins la perspective d'une récolte. La mission de Brazza a été violemment attaquée, surtout à l'étranger. Elle a eu à lutter contre les difficultés inhérentes aux entreprises dans les régions équatoriales, contre certaines fautes d'organisation.

On s'engoue de tout en France ; à l'heure où Savorgnan de Brazza se préparait à retourner sur le théâtre de ses premières explorations, il a été assailli de demandes. Que de boulevardiers voulaient aller au Congo, croyant y trouver les délices de Capoue ! C'était la terre promise, avec la vie libre, sans entraves, les émotions de la grande chasse, les belles découvertes ! Confinés dans l'Ogooué, parfois dans un poste insalubre, loin de toute civilisation, livrés à eux-mêmes, dévorés d'ennui et de fièvre, beaucoup ont abandonné la partie et sont rentrés en France, maudissant l'Afrique, brûlant ce qu'ils avaient adoré, pleins de fiel et de rancune envers quelques-uns de leurs compagnons de misère.

Il faut, pour aborder l'inconnu dans le continent noir, la foi du voyageur, celle du savant ou du missionnaire, ou bien encore l'ardeur du chasseur. Il faut aussi une santé de fer, un mépris du bien-être, et une sobriété extrême. Si à tout cela se joint le goût des aventures, allez dans l'Afrique centrale, sinon, suivez les sentiers battus de notre vieux continent, et si vous rêvez de voyages, ne cherchez pas à réaliser vos rêves.

Un dernier mot à propos de la mission de l'Ouest africain qui expliquera, pour ceux qui connaissent les lenteurs administratives, les difficultés qu'elle a eu à vaincre : trois ministères — l'instruction publique, les affaires étrangères et la marine — ont une action sur elle. On peut admettre qu'il en est au moins deux, sinon trois de trop.

IV

Il est utile, aujourd'hui plus que jamais, de s'étendre assez longuement sur l'Association internationale africaine, non pour discuter ses origines, mais parce qu'elle est actuellement en butte à des critiques passionnées. L'Association n'est pas une puissance reconnue, c'est un groupement de volontés qui, sans secours d'un Etat régulier, cherche à créer au cœur du continent africain un État indépendant, afin d'arracher ce vaste territoire à la barbarie. Elle a été créée en haine de l'esclavage, en haine surtout de l'affreux commerce de chair humaine qui ferait disparaître, avant un siècle, de cette terre bénie par la Providence, la majeure partie des races qui l'habitent,

Dans les premières années de son existence, l'Association africaine a marché à son but sans rencontrer d'obstacles ; la mission de M. de Brazza était posée par quelques-uns en rivale de celle que dirigeait Stanley ; mais sans accuser les esprits généreux qui rêvent d'une France africaine s'étendant des rives de l'Atlantique au bassin du Nil, nous devons répéter et insister sur ce point, qu'il n'a jamais été dans les intentions des promoteurs de la mission française de l'Ouest africain de créer dans ces parages un établisement colonial. La preuve que la France ne cherche pas à entraver le développement de l'Association du Congo, c'est que, sans bruit, elle a reconnu son existence de fait. Mais cela même

ne pouvait que réveiller les convoitises du Portugal ; ce
petit pays rêve de nouveau la grandeur coloniale, et
voit avec jalousie une entreprise privée, à laquelle l'Europe entière sympathise, recruter son personnel dans
les rangs des armées régulières et s'établir des bouches
du Congo à celles du Zambèze, sur un terrain qu'il
revendique, grâce à l'énergie des uns et à la muni-
ficence des autres.

En réalité, la question du Congo a été virtuellement
ouverte le jour où Stanley et de Brazza s'établissaient
sur le Pool. Elle réclame aujourd'hui une solution, et
celle-ci devra s'inspirer des sentiments de justice qui
seuls devraient toujours diriger la politique des grandes
nations.

L'Europe, il faut l'espérer, n'hésitera pas à reconnaître
les immenses services rendus par le groupe d'hommes
de bien qui a planté le drapeau de l'humanité sur les
rives du grand fleuve, désolé par les raids des chasseurs
d'esclaves. Elle fera taire les ambitions inavouées et
cherchera à résoudre le problème qu'on lui pose aujourd'hui, devrait-elle admettre, dans le droit si vague
que l'on appelle le droit international, une doctrine qui
effraie quelques-uns par sa nouveauté, mais qui n'a rien
que réprouve la raison.

L'Association internationale africaine a marché à
pas de géants, le jour où Stanley a été choisi par le
Comité de direction de Bruxelles pour diriger ses
opérations en Afrique centrale. Elle n'a rien mé-
nagé pour atteindre le but qu'elle se proposait, l'argent
moins que toute chose. Quelques blancs seuls ont formé
le noyau de l'expédition qui devait en quelques années
relier ses stations de l'océan Atlantique à celles qu'elle
avait établies déjà dans le bassin de la mer des Indes.

Il y a cinq ans, dans les derniers mois de 1879, une
expédition composée de quatre Belges, trois Américains,

deux Danois et un Français, se trouvait réunie aux bouches du Congo, se préparant à faire remonter la rive
droite du fleuve à un énorme matériel. Henry Stanley,
le délégué du comité d'études du Haut-Congo, était à sa
tête. Il avait pour mission de relier le Bas-Congo au
cours supérieur du fleuve au moyen d'une chaîne de
stations, points d'appui de la colonisation européenne
et centres de développement de la civilisation. Les difficultés étaient immenses.

Le Congo est un des plus admirables cours d'eau de
l'univers. Comme le Niger, il cesse d'être navigabls à
quelque distance de son embouchure, mais il reprend
ensuite son cours majestueux vers les profondeurs du
continent africain. De Banane, le port de son embouchure, jusqu'à Vivi, à 184 kilomètres, il est accessible
aux navires de mer.

C'eet un fleuve imposant, aux eaux rapides, débitant
plus de soixante mille mètres cubes d'eau par seconde,
et à courant si violent que l'on peut encore recueillir
de l'eau douce à plus de trois lieues au large.

Un peu au-dessus de Vivi commencent les rapides
que Stanley a baptisés dans leur ensemble du nom de
chutes Livingstone ; on en compte trente-deux, éche-
lonnés sur un parcours de 350 kilomètres. Le fleuve
franchit ainsi la chaîne côtière au fond d'une étroite
déchirure. La configuration du terrain ne peut être
mieux comparée qu'à un gigantesque escalier zigzagant
au fond d'un précipice aux parois élevées, et formé de
trente-deux marches d'inégale hauteur, creusées dans
le roc et obstruant le fleuve.

L'escalier a 200 mètres de haut et plus de soixante-dix
lieues sur le fleuve. Tantôt celui-ci est barré par les
rapides, tantôt il s'enfonce dans des profondeurs inson-
dables, tantôt aussi il coule dans toute sa majesté, lais-
sant entre les blocs rocheux de vastes bassins naviga-

bles. En amont des cataractes, il a seize mille mètres de large ; plus bas, il n'a pas, en certains points, plus de quatre à cinq cents mètres.

C'est le long de ce fleuve, qui reprend son cours régulier au delà de la région des cataractes, qu'il s'agissait de créer une route. Stanley se mit à l'œuvre avec son indomptable énergie dès le mois de février 1880. De Vivi à Issanghila il se fraya passage sur la berge, taillant dans le roc, dans une contrée sauvage, abrupte, profondément ravinée. A Issanghila, il reprit le fleuve jusqu'à Manyanga, puis, de là jusqu'à Stanley Pool que l'on atteignit en novembre 1881, il fut forcé de suivre la route de terre.

Au Pool, on retrouvait le fleuve navigable, sur une distance de 1,500 kilomètres, jusqu'à Stanley-Falls. Là le Congo est un superbe cours d'eau, coulant plein de majesté, large parfois de 15 à 16,000 mètres, traversant des contrées d'une richesse incomparable et habitées, dit Stanley, par des populations d'une densité extraordinaire.

Méthodiquement Stanley étendait son champ d'action : il avait un personnel de choix et un matériel considérable. A force de volonté et à coups de millions, il était parvenu à lancer sur le Pool trois grandes embarcations à vapeur ; avec elles il était maître du Congo. Echelonnant ses stations jusqu'à l'Equateur, il s'arrêtait une première fois à un point où il laissait un poste qui a reçu le nom d'Equateur-Station.

En même temps ses lieutenants établissaient sur la côte une ligne de stations, de Manyanga à l'embouchure du Quillou sur les bords de l'Atlantique. Partout, on passait des conventions avec les chefs qui cédaient à l'Association, avec une partie de leurs territoires, leurs droits souverains. Certes quelques-unes de ces conventions sont discutables dans le fond et dans la forme :

elles ont été critiquées ardemment par les rivaux de l'Internationale : mais ne ressemblent-elles pas à toutes celles que l'on fait signer journellement aux nègres et dont tous les gouvernements réguliers portent la responsabilité ? En Afrique, on se taille un royaume à bas prix, pour quelques fusils, des cotonnades et de l'eau-de-vie, surtout dans les régions où les blancs paraissent pour la première fois.

Je ne citerai pas les traités passés par la mission française, et pas plus ceux que l'on impose aux nègres du Sénégal, traités dont la valeur dépend, non de la bonne volonté des noirs, mais du pouvoir qui les propose et qui sait les faire respecter. Je me contenterai de rappeler que le traité de cession conclu à Angra-Pequena par la maison Luderitz, de Brême, qui est aujourd'hui ouvertement protégé par l'Allemagne, dit que le roi de Béthanie — il ne se trouve pas dans l'Almanach de Gotha — a cédé la baie d'Angra-Pequena et le territoire attenant pour deux cents vieux fusils et deux mille marcs d'argent.

L'Association internationale n'est pas accusée de ces seuls méfaits. On l'accuse aussi de faire du commerce et de pratiquer un système d'engagements forcés qui ressemble beaucoup à la traite des noirs. Elle fait du commerce, cas pendable ! Est-ce prouvé cependant ? Elle reçoit d'Europe des marchandises de troque qu'elle échange contre les vivres qui lui sont nécessaires ; mais pourrait-elle faire autrement dans une région où il n'existe pas de monnaie, où tous les payements se font en nature, où tout objet s'échange contre un ou plusieurs objets ?

Même plus, ne peut-on dire qu'elle serait très excusable si elle faisait des échanges rémunérateurs, d'autant qu'elle ne causerait de tort à personne, puisqu'il n'y a pas encore de factoreries sur le cours du Congo su-

périeur ? Ainsi, Stanley a remonté le fleuve jusqu'à
Stanley-Falls à la fin de l'année dernière, il a établi des
stations dans des parages que lui, seul Européen, avait
explorés dans son premier voyage de découverte. L'une
d'elles est dans l'île d'Ouana-Rousani, au pied des
chutes elles-mêmes, et les rives du Congo sont en ce
point très riches en ivoire. Où serait l'acte blâmable, si
Stanley avait chargé sur ses vapeurs quelques dents
d'éléphant pour les vendre au profit de l'Association ?
Celle-ci utiliserait certainement ces nouvelles ressources
pour multiplier les stations, faire des routes qui ne seront
pas inutiles aux traitants quand, à leur tour, ils viendront
se fixer dans le pays. Le Congo est une terre vierge, où
l'activité de l'Eu opéen trouvera un champ vaste à
exploiter, à condition qu'il y ait la sécurité, à condition
aussi que les populations indigènes trouvent une protection contre les négriers. Ceux-ci sèment la ruine et la
dévastation sur leur passage, brûlent les villages,
emmènent en esclavage tous les gens valides et massa-
crent ceux qui font mine de résistance. Ils ne se retirent
que gorgés de butin et suivis de bandes de malheureux
à la chaîne, qui tapissent de leurs ossements les sentiers
africains. Stanley a assisté, au mois de décembre
dernier, à l'exode d'un peuple entier, cherchant à
échapper par l'ouest à une horde de bandits qui avait
dévasté une région entière ; il a même reçu l'hospitalité
de ces négriers, et impuissant devant ce désastre, il n'a
pu que plaindre de tout cœur ces infortunés arrachés à
leur patrie par les plus abominables des trafiquants.

On n'a jamais cru que l'œuvre de Stanley s'accom-
plirait sans difficultés, que dans ces marches avec des
convois considérables, dans les relations des agents de
l'Association internationale avec les nègres, il n'y aurait pas à relever des incidents regrettables. Les noirs
sont de grands enfants avec lesquels la règle de con-

duite est souvent difficile à trouver; ils vous impatientent par leur mollesse, leur inertie, par leurs raisonnements enfantins. Il faut pour les mener une patience angélique et parfois une véritable énergie. Aussi rien d'étonnant que de ci, de là, l'Association africaine ait eu avec eux de graves différends, qu'à Bolobo, par exemple, on se soit battu, qu'il y ait eu morts d'hommes. A qui en revient la responsabilité? C'est ce qu'il est difficile d'établir.

Pour juger ces faits, il faut et connaître les pays où ils se passent, et faire la part de l'état moral dans lequel se trouvent quelques Européens isolés dans une région presque inconnue, loin de tout centre civilisé. Pour accuser et condamner, il faut aussi se demander si ces incidents regrettables sont tellement exceptionnels que l'on doive, sans examen, les signaler à la vindicte publique. Dans l'été de 1883, le poste français de la baie de Loango a été forcé de se servir de ses armes, de brûler un village et d'infliger une verte correction aux noirs. Au mois de décembre suivant, à Maculla, les agents de la factorerie hollandaise se battaient avec les indigènes, et ceux-ci, abrités derrière un magasin à poudre, étaient non seulement repoussés, mais le magasin ayant sauté, ils laissaient une cinquantaine des leurs sur le terrain. A Nokki, en face de Vivi, les blancs partaient en guerre au mois de février dernier et étaient mis en déroute complète. Il ne paraît pas qu'à Nokki et à Maculla, les blancs aient eu le beau rôle; ils étaient en réalité les agresseurs, et leur loyauté dans leurs relations avec les possesseurs du sol a paru suspecte aux commandants des navires de guerre venus à leur secours.

Les mauvais instincts de l'homme se développent facilement sous le régime primitif de liberté sans limite dont il jouit sur la terre d'Afrique, et l'Europe a une

grande part de culpabilité dans les désordres qui ensan-
glantent le continent noir; elle n'est même pas inno-
cente dans ces pratiques belliqueuses qui jettent les
peuplades les unes sur les autres dans le seul but d'ali-
menter les marchés d'esclaves. Longtemps l'Européen
a été le plus impitoyable des négriers, longtemps il a
excité les mauvaises passions des noirs pour avoir à bas
prix le bois d'ébène qu'il transportait de l'autre côté
de l'Atlantique.

Aujourd'hui encore, dans certaines factoreries de la
région du Congo, les noirs sont traités avec la dernière
dureté par les traitants. Le nègre est versatile, il n'aime
pas le travail et contracte des engagements qu'il rompt
aussi facilement qu'il les a signés : tout cela irrite les
blancs qui ont affaire à eux. Comme les traitants n'ont
en vue que le commerce et les bénéfices considérables
qu'il rapporte, ils sont loin d'avoir cet idéal de justice
qui porte toujours à respecter le droit du plus faible.
De là ces graves excès qui ont eu pour théâtre certains
points du cours du Congo et du littoral océanien, excès
qui prouvent qu'il est urgent qu'un ordre de choses régulier soit établi dans ces parages où l'homme se fait
le justicier de l'homme, où une guerre de races est à
redouter si les nations civilisées ne prennent au plus tôt
des mesures pour faire régner dans cette région un
régime de justice égal pour tous.

Il reste à examiner un point délicat, c'est celui qui a
trait à la situation internationale de l'Association africaine. Cette Société peut-elle être reconnue par les États
réguliers comme une puissance souveraine?

Il serait aisé de recourir aux maîtres en droit international (1) pour prouver que « tout particulier peut fonder

______

(1) Le rapport adressé au Sénat américain par son comité des affaires
étrangères en faveur de la reconnaissance de l'Association internationale

un État dans les contrées nouvelles qui n'appartiennent à aucune puissance, et d'accord avec les indigènes ».

Le simple bon sens suffit du reste à le démontrer. Qu'un particulier aille aujourd'hui s'établir au cœur de l'Afrique, qu'il y fonde par les armes ou par les moyens pacifiques, un État « self supporting », il est évident que ses droits devront être respectés par la seule raison que l'État est constitué.

Il y a sur les bords du Quillou un Anglais qui s'est rendu acquéreur d'un vaste territoire. Personne ne conteste ses droits et il pourrait s'ériger en souverain s'il ne préférait conserver la nationalité anglaise et la protection du pavillon britannique. Cet Anglais a acquis ses propriétés comme l'Association internationale africaine les terrains sur lesquels flotte son pavillon.

Il a été dit récemment que l'on ne connaissait pas les statuts de cette Société, et l'on a fait cette objection que l'Association n'avait pas été créée conformément aux lois d'un pays civilisé. L'objection est sans valeur, car si l'Association était autre chose qu'une Société privée, d'un caractère particulier, si elle était soumise aux lois d'un pays quelconque, ce serait ce pays qui serait en réalité le souverain.

L'Association internationale africaine ne peut donc être qu'une institution absolument indépendante, sous peine d'engager la responsabilité du gouvernement qui aurait à enregistrer sa constitution. Elle peut posséder, battre pavillon, parce que le fait d'avoir un pavillon n'implique pas nécessairement les droits souverains. Mais il est évident aussi que sa situation actuelle prête le flanc à toute espèce de difficultés, car une puissance régulière, voire même une bande de flibustiers, pourrait

---

africaine par le gouvernement des Etats-Unis, traite longuement le côté juridique en l'appuyant sur les avis de Sir Travers Twiss et de M. Arntz, professeur de l'Universelle de Bruxelles.

s'établir sur les territoires qui lui appartiennent, sans que ce fait eût la gravité qu'on y attacherait si un pavillon reconnu flottait sur ses stations. Il y a là un point qui doit attirer l'attention de l'Europe, soit qu'elle reconnaisse franchement l'Association internationale africaine, comme l'ont fait les États-Unis d'Amérique, soit qu'elle fasse comme la France, qui la traite en bonne voisine, sans entourer l'arrangement conclu de toute la solennité diplomatique qui était peut-être désirée.

V

Que l'on agisse comme les Etats-Unis, qui ont été guidés
certainement par leur sens pratique et par leur peu de
respect des formules appliquées dans le vieux monde;
que l'on fasse comme la France, qui voit grandir à côté
de ses propres stations l'Association internationale du
Congo avec des sentiments de sympathie; qu'on la boude
comme l'Angleterre, qui lui a donné un appui tant
qu'elle a cru la France hostile à cette institution;
qu'on l'attaque comme le Portugal, qui l'accuse de
tous les méfaits parce qu'il estime que le Congo lui appartient, l'Association internationale a donné de telles
preuves de vitalité, elle a tant fait pour le bien de l'humanité et pour la civilisation, qu'il est impossible que
cette œuvre d'utilité générale soit destinée à disparaître.

La question du Congo est peut-être entrée en discus-
sion plus tôt que ne l'eussent voulu certaines personnes,
elle a surgi à un moment où la passion publique agitait
en Europe les plus graves problèmes de la colonisation,
où les rivalités excitées par l'égoïsme de l'Angleterre ne
laissaient pas à tous le sang-froid nécessaire pour juger
sans parti-pris. Ceci dit surtout pour quelques esprits
généreux qui rêvent de nouveaux agrandissements de
la France coloniale, et qui regrettent que nous ne cher-
chions pas à mieux profiter des brillantes découvertes
de Savorgnan de Brazza.

Avec le Tonkin, l'Annam et la Cochinchine, la France

a charge de vingt millions d'âmes en Extrême-Orient;
la conquête pacifique de la Chine est ouverte à son activité. Elle a à mener à bonne fin sa campagne de Mada-
gascar, qui lui appartient par le droit du premier
occupant et où quelques centaines de milliers de colons de race française trouveront un aliment à leur besoin d'expansion. Elle a le Sénégal, où de vigoureux
efforts ont étendu son domaine jusqu'aux bords du Niger. Elle a aussi l'Algérie et la Tunisie, qui forment la
vraie France africaine, et qui sont appelées à devenir
l'un des greniers de l'Europe. La fortune coloniale de
notre pays s'est assez accrue dans le siècle actuel pour
qu'il ne cherche pas à l'augmenter encore, et les géné-
rations qui nous suivront ont un champ assez vaste à
mettre en valeur pour que nous nous arrêtions dans
cette voie de développement.

Nos récentes conquêtes ont été la conséquence de
notre situation coloniale : nous avons obéi à cette loi
fatale qui pousse sans cesse les pays qui possèdent des
établissements sur les confins des régions non civilisées
à étendre leurs frontières. C'est la conquête de la Cochinchine qui a amené celle du Tonkin ; c'est celle de
l'Algérie qui nous a conduits en Tunisie. Au Congo, il
n'en est pas de même : la France, dans une heure d'en-
thousiasme, a voulu faire une tentative nouvelle, ouvrir une route au commerce par une sorte d'apostolat
confié à un homme dont elle admirait la valeur et le caractère.

Aujourd'hui plus que jamais, elle répugnerait à une
conquête du vaste territoire jalonné par les stations
créées par M. de Brazza, et il n'est pas un homme
d'Etat qui oserait soutenir à la tribune française une
demande de crédit pour fonder une véritable colonie au
Congo. C'est pour cette raison que la France ne peut
voir d'un œil d'envie le développement de l'Association

internationale, mais c'est parce que son commerce a de grands intérêts dans cette région qu'elle ne peut accepter le traité anglo-portugais qui fait litière de ses droits.

Du reste, il ne sert à rien d'insister sur ce point, s'il est vrai que les deux hautes puissances contractantes ont admis que les clauses du traité seraient soumises à revision après entente avec les cabinets intéressés.

La ligne de conduite que nous avons à suivre est simple, et j'ai la conviction qu'elle s'inspirera des règles de justice qui font l'honneur de notre pays. Nous devons concéder sous conditions au Portugal les territoires qu'il réclame, mais nous ne pouvons lui livrer les yeux fermés les intérêts d'un commerce français qui s'élève à 7 ou 8 millions de francs. Or donc, la France doit avoir sa place dans la commission de surveillance du Bas-Congo dans laquelle ne devaient figurer que des commissaires anglais et portugais. C'est la condition juste, la condition *sine qua non*, celle qui nous permettra d'adhérer au traité (1). Le Portugal aura ainsi la satisfaction qu'il réclame depuis si longtemps, les intérêts du commerce seront sauvegardés et une puissance régulière aura chargé de l'ordre dans une région où il n'existe d'autre règle que le droit du plus fort : spectacle unique que celui d'une poignée de blancs de nationalités différentes séparés par toutes leurs aspirations, s'entre-déchirant les uns les autres, et ne se réunissant que pour opprimer une race inférieure.

---

(1) Je ne veux pas dire que je considère cette solution comme la meilleure et que la France — je ne la sépare pas de l'Europe — devra se contenter de l'entrée dans la commission du Congo. Mais comme la politique est l'art des transactions, en partant du point de vue que j'ai développé, on trouvera probablement une base de conciliation. En étudiant toutes les question politiques et commerciales qui concernent l'Afrique centrale, les cabinets intéressés devront s'inquiéter des moyens matériels que le Portugal compte mettre en action pour maintenir l'ordre et établir un état de choses civilisateur dans le Bas-Congo.

Le Portugal aura assez à faire, eu égard à sa puissance, pour laisser sa voisine, l'Association internationale, se développer en paix. Et le jour où celle-ci, ayant donné de nouvelles preuves de vitalité, désirera à son tour entrer dans le concert des nations, sa charte et ses travaux à la main, elle trouvera certainement un appui sympathique chez tous les gens de cœur.

L'Europe a une dette à payer envers les noirs et doit s'inspirer des sentiments qui ont dirigé les États-Unis : ils ont reconnu l'Association africaine parce qu'ils considèrent qu'il est une sorte de réparation à accorder à la race noire, un grand devoir à remplir vis-à-vis des nègres, qui forment le tiers de la population de l'Union américaine, et parce qu'ils estiment qu'une institution qui s'est donné la tâche d'améliorer le sort des populations de l'Afrique centrale doit être encouragée sous quelque forme que ce soit. Un Etat nouveau, dégagé de toute préoccupation, est mieux placé pour tenter cette grande œuvre qu'un Etat constitué qui ne pourrait la considérer que comme accessoire.

Quelle est du reste la puissance qui jetterait les millions dans une telle entreprise sans trouver chez elle une opposition de tous les instants et sans qu'on discute chaque jour le budget même de cette entreprise? Est-ce la France, l'Angleterre ou l'Allemagne ? Non certes, aucune de ces trois puissances ne rêve de créer un empire au cœur de l'Afrique. Aussi, pour conclure, on peut dire que si l'Association internationale du Congo n'existait pas, il faudrait l'inventer et que c'est elle, et elle seule, qui doit continuer à élargir le foyer civilisateur en Afrique et à le doter des éléments de force qui lui permettront de refouler peu à peu l'esclavage vers le Soudan égyptien devenu plus que jamais, grâce aux défaillances de l'Angleterre, la citadelle du commerce de chair humaine.

Triste spectacle que l'Angleterre donne au monde entier depuis l'heure de son intervention en Egypte !

Tandis que la voix des anti-esclavagistes de la Grande-Bretague dénonce chaque jour les misères des nègres et des Indiens, engagés libres, dans certaines régions qui manquent de bras, elle n'a pas jeté l'anathème sur cette politique anglaise que l'histoire jugera avec une sévérité d'autant plus grande qu'elle a l'entière responsabilité de la situation vraiment misérable et du recul désastreux de la civilisation dans la Haute-Egypte. Le triomphe du faux prophète est en réalité celui des marchands d'esclaves ; rien n'arrêtera dorénavant leurs criminelles entreprises dans le Soudan égyptien, et ils deviendront les maîtres de l'Afrique centrale de la mer Rouge à l'océan Atlantique, si l'Europe n'organise la défense des peuples de ce vaste et mystérieux territoire.

PARIS — IMPRIMERIE SCHILLER

10 ET 11, RUE DU FAUBOURG-MONTMARTRE

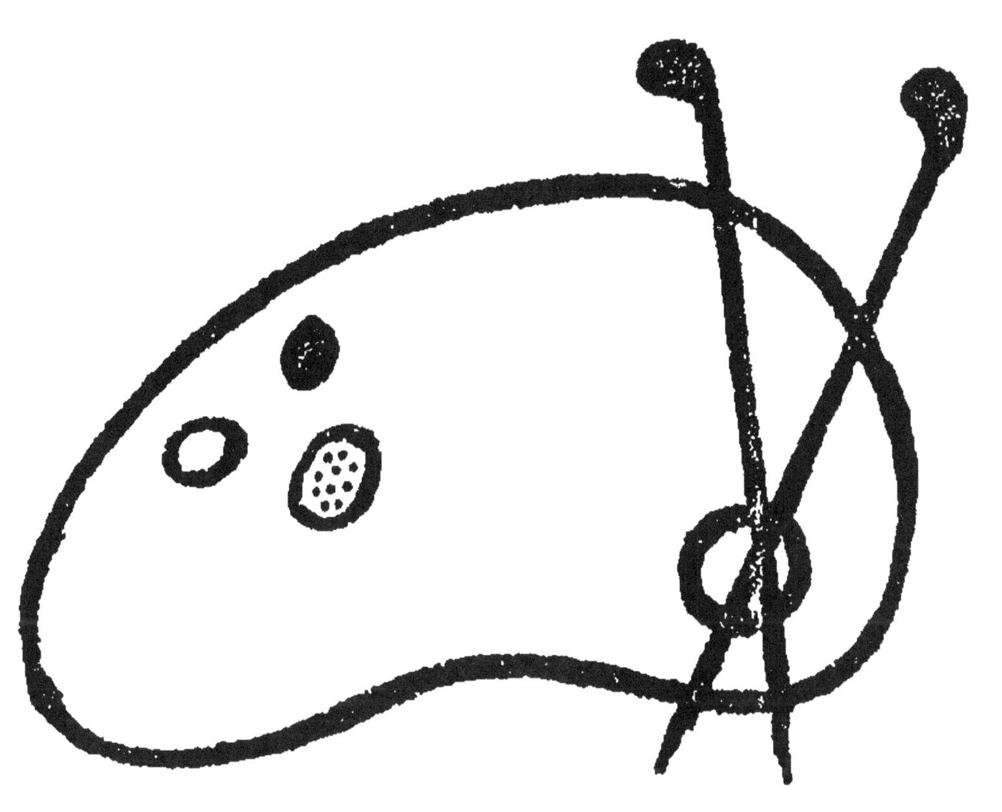